Birthday Reminder

January	February	March

April	May	June

July	August	September

October	November	December

Birthday Reminder

January	February	March

April	May	June

July	August	September

October	November	December

Birthday Reminder

January	February	March

April	May	June

July	August	September

October	November	December

Birthday Reminder

January	February	March

April	May	June

July	August	September

October	November	December

Birthday Reminder

January	February	March

April	May	June

July	August	September

October	November	December

Birthday Reminder

January	February	March

April	May	June

July	August	September

October	November	December

Birthday Reminder

January	February	March

April	May	June

July	August	September

October	November	December

Birthday Reminder

January	February	March

April	May	June

July	August	September

October	November	December

Birthday Reminder

January	February	March

April	May	June

July	August	September

October	November	December

Birthday Reminder

January	February	March

April	May	June

July	August	September

October	November	December

Birthday Reminder

January	February	March

April	May	June

July	August	September

October	November	December

Birthday Reminder

January	February	March

April	May	June

July	August	September

October	November	December

Birthday Reminder

January	February	March

April	May	June

July	August	September

October	November	December

Birthday Reminder

January	February	March

April	May	June

July	August	September

October	November	December

Birthday Reminder

January	February	March

April	May	June

July	August	September

October	November	December

Birthday Reminder

January	February	March

April	May	June

July	August	September

October	November	December

Birthday Reminder

January	February	March

April	May	June

July	August	September

October	November	December

Birthday Reminder

January	February	March

April	May	June

July	August	September

October	November	December

Birthday Reminder

January	February	March

April	May	June

July	August	September

October	November	December

Birthday Reminder

January	February	March

April	May	June

July	August	September

October	November	December

Birthday Reminder

January	February	March

April	May	June

July	August	September

October	November	December

Birthday Reminder

January	February	March

April	May	June

July	August	September

October	November	December

Birthday Reminder

January	February	March

April	May	June

July	August	September

October	November	December

Birthday Reminder

January	February	March

April	May	June

July	August	September

October	November	December

Birthday Reminder

January	February	March

April	May	June

July	August	September

October	November	December

Birthday Reminder

January	February	March

April	May	June

July	August	September

October	November	December

Birthday Reminder

January	February	March

April	May	June

July	August	September

October	November	December

Birthday Reminder

January	February	March

April	May	June

July	August	September

October	November	December

Birthday Reminder

January	February	March

April	May	June

July	August	September

October	November	December

Birthday Reminder

January	February	March

April	May	June

July	August	September

October	November	December

Birthday Reminder

January	February	March

April	May	June

July	August	September

October	November	December

Birthday Reminder

January	February	March

April	May	June

July	August	September

October	November	December

Birthday Reminder

January	February	March

April	May	June

July	August	September

October	November	December

Birthday Reminder

January	February	March

April	May	June

July	August	September

October	November	December

Birthday Reminder

January	February	March

April	May	June

July	August	September

October	November	December

Birthday Reminder

January	February	March

April	May	June

July	August	September

October	November	December

Birthday Reminder

January	February	March

April	May	June

July	August	September

October	November	December

Birthday Reminder

January	February	March

April	May	June

July	August	September

October	November	December

Birthday Reminder

January	February	March

April	May	June

July	August	September

October	November	December

Birthday Reminder

January	February	March

April	May	June

July	August	September

October	November	December

Birthday Reminder

January	February	March

April	May	June

July	August	September

October	November	December

Birthday Reminder

January	February	March

April	May	June

July	August	September

October	November	December

Birthday Reminder

January	February	March

April	May	June

July	August	September

October	November	December

Birthday Reminder

January	February	March

April	May	June

July	August	September

October	November	December

Birthday Reminder

January	February	March

April	May	June

July	August	September

October	November	December

Birthday Reminder

January	February	March

April	May	June

July	August	September

October	November	December

Birthday Reminder

January	February	March

April	May	June

July	August	September

October	November	December

Birthday Reminder

January	February	March

April	May	June

July	August	September

October	November	December

Birthday Reminder

January	February	March

April	May	June

July	August	September

October	November	December

Birthday Reminder

January	February	March

April	May	June

July	August	September

October	November	December

Birthday Reminder

January	February	March

April	May	June

July	August	September

October	November	December

Birthday Reminder

January	February	March

April	May	June

July	August	September

October	November	December

Birthday Reminder

January	February	March

April	May	June

July	August	September

October	November	December

Birthday Reminder

January	February	March

April	May	June

July	August	September

October	November	December

Birthday Reminder

January	February	March

April	May	June

July	August	September

October	November	December

Birthday Reminder

January	February	March

April	May	June

July	August	September

October	November	December

Birthday Reminder

January	February	March

April	May	June

July	August	September

October	November	December

Birthday Reminder

January	February	March

April	May	June

July	August	September

October	November	December

Birthday Reminder

January	February	March

April	May	June

July	August	September

October	November	December

Birthday Reminder

January	February	March

April	May	June

July	August	September

October	November	December

Birthday Reminder

January	February	March

April	May	June

July	August	September

October	November	December

Birthday Reminder

January	February	March

April	May	June

July	August	September

October	November	December

Birthday Reminder

January	February	March

April	May	June

July	August	September

October	November	December

Birthday Reminder

January	February	March

April	May	June

July	August	September

October	November	December

Birthday Reminder

January	February	March

April	May	June

July	August	September

October	November	December

Birthday Reminder

January	February	March

April	May	June

July	August	September

October	November	December

Birthday Reminder

January	February	March

April	May	June

July	August	September

October	November	December

Birthday Reminder

January	February	March

April	May	June

July	August	September

October	November	December

Birthday Reminder

January	February	March

April	May	June

July	August	September

October	November	December

Birthday Reminder

January	February	March

April	May	June

July	August	September

October	November	December

Birthday Reminder

January	February	March

April	May	June

July	August	September

October	November	December

Birthday Reminder

January	February	March

April	May	June

July	August	September

October	November	December

Birthday Reminder

January	February	March

April	May	June

July	August	September

October	November	December

Birthday Reminder

January	February	March

April	May	June

July	August	September

October	November	December

Birthday Reminder

January	February	March

April	May	June

July	August	September

October	November	December

Birthday Reminder

January	February	March

April	May	June

July	August	September

October	November	December

Birthday Reminder

January	February	March

April	May	June

July	August	September

October	November	December

Birthday Reminder

January	February	March

April	May	June

July	August	September

October	November	December

Birthday Reminder

January	February	March

April	May	June

July	August	September

October	November	December

Birthday Reminder

January	February	March

April	May	June

July	August	September

October	November	December

Birthday Reminder

January	February	March

April	May	June

July	August	September

October	November	December

Birthday Reminder

January	February	March

April	May	June

July	August	September

October	November	December

Birthday Reminder

January	February	March

April	May	June

July	August	September

October	November	December

Birthday Reminder

January	February	March

April	May	June

July	August	September

October	November	December

Birthday Reminder

January	February	March

April	May	June

July	August	September

October	November	December

Birthday Reminder

January	February	March

April	May	June

July	August	September

October	November	December

Birthday Reminder

January	February	March

April	May	June

July	August	September

October	November	December

Birthday Reminder

January	February	March

April	May	June

July	August	September

October	November	December

Birthday Reminder

January	February	March

April	May	June

July	August	September

October	November	December

Birthday Reminder

January	February	March

April	May	June

July	August	September

October	November	December

Birthday Reminder

January	February	March

April	May	June

July	August	September

October	November	December

Birthday Reminder

January	February	March

April	May	June

July	August	September

October	November	December

Birthday Reminder

January	February	March

April	May	June

July	August	September

October	November	December

Birthday Reminder

January	February	March

April	May	June

July	August	September

October	November	December

Birthday Reminder

January	February	March

April	May	June

July	August	September

October	November	December

Birthday Reminder

January	February	March

April	May	June

July	August	September

October	November	December

Birthday Reminder

January	February	March
April	May	June
July	August	September
October	November	December

Birthday Reminder

January	February	March

April	May	June

July	August	September

October	November	December

Birthday Reminder

January	February	March

April	May	June

July	August	September

October	November	December

Birthday Reminder

January	February	March

April	May	June

July	August	September

October	November	December

Birthday Reminder

January	February	March

April	May	June

July	August	September

October	November	December

Birthday Reminder

January	February	March

April	May	June

July	August	September

October	November	December

Birthday Reminder

January	February	March

April	May	June

July	August	September

October	November	December

Birthday Reminder

January	February	March

April	May	June

July	August	September

October	November	December

Birthday Reminder

January	February	March

April	May	June

July	August	September

October	November	December

Birthday Reminder

January	February	March

April	May	June

July	August	September

October	November	December

Birthday Reminder

January	February	March

April	May	June

July	August	September

October	November	December

Birthday Reminder

January	February	March

April	May	June

July	August	September

October	November	December

Birthday Reminder

January	February	March

April	May	June

July	August	September

October	November	December

Birthday Reminder

January	February	March

April	May	June

July	August	September

October	November	December

Birthday Reminder

January	February	March

April	May	June

July	August	September

October	November	December

Birthday Reminder

January	February	March

April	May	June

July	August	September

October	November	December

Birthday Reminder

January	February	March

April	May	June

July	August	September

October	November	December

Birthday Reminder

January	February	March

April	May	June

July	August	September

October	November	December

Birthday Reminder

January	February	March

April	May	June

July	August	September

October	November	December

Birthday Reminder

January	February	March

April	May	June

July	August	September

October	November	December

Birthday Reminder

January	February	March

April	May	June

July	August	September

October	November	December

Birthday Reminder

January	February	March

April	May	June

July	August	September

October	November	December

Birthday Reminder

January	February	March

April	May	June

July	August	September

October	November	December

Birthday Reminder

January	February	March

April	May	June

July	August	September

October	November	December